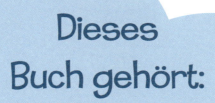

Dieses Buch gehört:

....

Quellenverzeichnis:
Jannik setzt sich durch: Text von Petra Klose, Illustrationen von Hendrik Kranenberg
Frido – Das Regenwaldgewitter: Text von Hanna Sörensen, Illustrationen von Steffen Meier
Der Froschkönig: Text von Hanna Sörensen, nach einem Märchen der Brüder Grimm, Illustrationen von Annika Sauerborn
Marie lernt Radfahren: Text von Petra Klose, Illustrationen von Hendrik Kranenberg
Der Höhlenzauber: Text von Hanna Sörensen, Illustrationen von Claudia Heine
Frido – Faultiere sind nicht müde: Text von Hanna Sörensen, Illustrationen von Steffen Meier
Rapunzel: Text von Petra Klose, nach einem Märchen der Brüder Grimm, Illustrationen von Hendrik Kranenberg
Klara möchte auch mitspielen: Text von Petra Klose, Illustrationen von Hendrik Kranenberg
Kasimir und der Drache: Text von Hanna Sörensen, Illustrationen von Hendrik Kranenberg
Die Bremer Stadtmusikanten: Text von Petra Klose, nach einem Märchen der Brüder Grimm, Illustrationen von Hendrik Kranenberg
Felix und der Groll: Text von Petra Klose, Illustrationen von Hendrik Kranenberg
Frido – Ein toller Tag: Text von Hanna Sörensen, Illustrationen von Steffen Meier
Pedro und sein Papagei: Text von Hanna Sörensen, Illustrationen von Hendrik Kranenberg

Unser Sandmännchen

Gute-Nacht-Geschichten
für schöne Träume

Inhaltsverzeichnis

Jannik setzt sich durch 8

Das Regenwaldgewitter 14

Der Froschkönig 18

Marie lernt Radfahren 24

Der Höhlenzauber 30

Faultiere sind nicht müde 36

Rapunzel 40

Klara möchte auch mitspielen 46

Kasimir und der Drache 52

Die Bremer Stadtmusikanten 58

Felix und der Groll 64

Ein toller Tag 70

Pedro und sein Papagei 74

Jannik setzt sich durch

Leonie, Emil und Jannik sind die besten Freunde.
Am liebsten treffen sie sich auf dem Spielplatz gleich neben dem großen Haus, in dem die vielen älteren Leute wohnen. „Ich krieg dich!", ruft Jannik und jagt Emil hinterher. „Stopp!", ruft dieser keuchend.
„Ich brauch eine Pause!" Emil lässt sich auf eine Bank plumpsen.
„Hey, was ist das denn?", wundert sich Leonie. Da liegt ein Umschlag.
„Was da wohl drin ist …", überlegt Emil.

Leonie und Jannik öffnen den Umschlag. Alle drei reißen die Augen auf, als Jannik ein Bündel Geldscheine herauszieht.
„Was meint ihr: Wie viel Eis können wir uns dafür kaufen?", fragt Emil.
Leonie kichert und sagt: „So viel, dass du es bestimmt nicht allein essen könntest. Ich würde mir ein Pony kaufen."
„Und ich hätte gern ein Fahrrad", sagt Jannik.
Aber dann wird er still. „Das ist doch gar nicht unser Geld", sagt er.
„Doch, wir haben es gefunden", sagt Emil.
Jannik schüttelt den Kopf. Er hat einen Kloß im Hals. „Vielleicht hat es jemand von den Opas und Omas aus dem Haus verloren. Und ist jetzt ganz traurig."
„Ist doch nicht unser Problem, wenn die nicht auf ihre Sachen aufpassen", fügt Leonie hinzu.
„Jetzt stell dich doch nicht so an! Ein paar Süßigkeiten können wir doch kaufen", sagt Emil.
Aber Jannik will nicht. „Wir könnten den Umschlag im Haus abgeben", schlägt er vor.

„Du bist ein blöder Spielverderber!", schimpft Leonie.
Und Emil fügt hinzu: „Zwei gegen einen. Du machst einfach mit.
Freunde müssen zusammenhalten!"

In Janniks Kopf dreht sich alles. Er weiß nicht, was er tun soll.
Doch es ist nicht richtig, das Geld zu nehmen, das spürt er genau.
„Geh doch weg, dann kaufen wir uns eben allein was", sagt Leonie.
Aber jetzt weiß Jannik plötzlich, was er tun muss.
Er schnappt sich den Umschlag und läuft los. Leonie und Emil
rennen hinterher.
„Stooopp! Bist du verrückt geworden? Bleib stehen!"
Aber Jannik läuft so schnell er kann zum Haus, in dem die älteren
Leute wohnen.
Eine freundliche Frau fragt: „Kann ich dir helfen?"
Jannik gibt ihr den Umschlag und erzählt, dass sie ihn gefunden haben.

„Das war total gemein von dir", ruft Leonie. „Ich habe den Umschlag gefunden!"
„Genau. Echt gemein", keucht Emil. „Wir sind nicht mehr deine Freunde."
„Aber …", will Jannik sagen, doch da kommt ein Mann auf sie zu.
„Seid ihr die drei, die mein Geld gefunden haben?", fragt er und lächelt. Leonie und Emil blicken verlegen zu Boden. Jannik strahlt und nickt.
„Ich bin euch sehr dankbar, dass ihr es hier abgegeben habt. Sonst hätte ich meiner Enkelin nämlich kein Geburtstagsgeschenk kaufen können."

Er zieht einen Geldschein hervor. „Für ein Eis", sagt er. „Nicht jeder hätte das Geld abgegeben."
„Oh, danke", sagt Jannik und auch Emil und Leonie bedanken sich.
Später sagt Emil: „Der Mann war ja echt froh, dass er sein Geld wiederhatte. Wirklich blöd, dass wir es behalten wollten."
„Stimmt. Entschuldige", fügt Leonie hinzu, „und cool, dass du uns nicht verpetzt hast."
„Ihr seid doch meine Freunde", entgegnet Jannik.
„Klar", sagen Emil und Leonie wie aus einem Mund. Und dann gehen sie Eis essen.

ENDE

Das Regenwaldgewitter

Lauter Donner dröhnt durch den Regenwald.
„So ein schlimmes Gewitter hatten wir noch nie", jammert der Tukan Elise und steckt den Kopf zwischen die Flügel.
Frido schmiegt sich eng an seinen Baumstamm. Das Krachen und Knallen gefällt ihm auch nicht. Aber die Blitze dafür umso mehr! Plötzlich erhellt ein grelles Licht die Umgebung, gefolgt von einem gewaltigen Donnergrollen. „Elise, da hat der Blitz eingeschlagen!", ruft Frido und zeigt auf einen Baum in der Nähe.
„Ojemine, jetzt fängt der auch noch an zu brennen", sagt Elise und wackelt mit dem Kopf. „Lass uns lieber verschwinden."

„Gleich", meint Frido und reckt sich. Es wird gerade so schön warm. Doch da sprühen ein paar Funken herüber. Jetzt will Frido auch lieber weg.

„Schnell, auf den Nachbarbaum!", krächzt Elise.

„Wir Faultiere mögen es gemütlich", brummt Frido, auch wenn er ein besonders flinkes Faultier ist.

Geschickt hangelt sich Frido durch die Zweige zum Nachbarbaum.

„Der Abstand ist zu groß", wundert er sich. „Das ist mir ja noch nie passiert."

„Dann musst du eben über den Boden krabbeln", sagt Elise.

Wirklich? Frido schluckt. Viel lieber bewegt er sich in den Bäumen. Außerdem ist das Feuer nur ganz klein. Kein Grund zur Sorge.

Doch Elise drängelt so lange, bis Frido brummelnd den Baumstamm hinabsteigt. Ganz in der Nähe glänzt der dunkle Ozean im Feuerschein. Schön sieht das aus!
Da hat Frido plötzlich eine Idee. Einer der Äste ragt weit aufs Wasser hinaus.
„Frido, pass auf, der Ast biegt sich ja schon!", ruft Elise.
„Macht nichts", gluckst Frido, holt noch einmal tief Luft und lässt sich fallen. Mit einem lauten Platsch landet er im Wasser.

„Donnerwetter, du bist ja ein richtiges Wasserfaultier!", staunt Elise, als Frido mit langsamen, kräftigen Zügen losschwimmt.
„Faultiere schwimmen für ihr Leben gern", erklärt Frido.
Elise flattert neben ihm her. „Wasser unten, Wasser oben", mault sie, denn jetzt prasselt Regen vom Himmel, der das Feuer zischend löscht. „Da hätten wir gleich auf unserem Baum bleiben können."
„Aber dafür kann ich jetzt ganz toll baden", schmunzelt Frido und paddelt glücklich weiter.
„Stimmt!", ruft Elise und landet sanft auf Fridos Bauch. So kann sie mitschwimmen und wird nicht nass!

ENDE

Der Froschkönig

In den alten Zeiten, als das Wünschen noch geholfen hat, lebte ein König, dessen Töchter alle schön waren. Die Jüngste aber war so schön, dass selbst die Sonne darüber staunte. In der Nähe des Königsschlosses war ein Wald mit einem Brunnen darin. Dort saß die Prinzessin gern und warf eine goldene Kugel in die Luft.

Eines Tages rollte die Kugel in den Brunnen. Die Prinzessin schluchzte und jammerte, bis eine Stimme rief: „Warum weinst du?" Sie sah sich um und entdeckte einen Frosch, der den Kopf aus dem Wasser streckte. Er versprach ihr zu helfen. Dafür sollte sie ihre Mahlzeiten und ihr Bett mit ihm teilen.
Der Frosch tauchte in den Brunnen und brachte der Prinzessin kurz darauf die goldene Kugel. Die Königstochter freute sich sehr, als sie ihr Spielzeug wiederbekam. Doch sie dachte gar nicht daran, ihr Versprechen zu halten. Sie eilte zurück ins Schloss und hatte den Frosch bald vergessen.

Am nächsten Tag speiste die Prinzessin mit ihrem Vater und dem ganzen Hofstaat. Da klopfte es an der Tür und eine Stimme rief: „Königstochter, jüngste, mach mir auf!"
Die Prinzessin sah nach, erblickte den Frosch und warf die Tür wieder zu.
Doch der König sagte: „Was du versprochen hast, musst du auch halten." Widerwillig ließ die Prinzessin den Frosch von ihrem goldenen Teller essen. Anschließend musste sie ihn auf Befehl des Königs mit in ihr Schlafgemach nehmen.

Doch als der Frosch auch noch bei ihr im Bett liegen wollte, wurde die Prinzessin zornig und warf ihn mit aller Kraft gegen die Wand. Als der Frosch herunterfiel, verwandelte er sich in einen Königssohn mit schönen, freundlichen Augen. Der Königssohn gestand, dass eine böse Hexe ihn verzaubert hatte. Nur die Prinzessin hatte ihn aus dem Brunnen befreien können. Die beiden mochten sich sogleich und wollten von nun an zusammen sein.

Am Morgen erschien Heinrich, der treue Diener des Königssohns. Sein Herz wurde von eisernen Bändern gehalten, damit es vor Kummer über den verzauberten Prinzen nicht brach. Voller Freude bestieg Heinrich mit dem Königssohn und der Prinzessin eine Kutsche, um in das Königreich des Prinzen zu fahren. Unterwegs krachte es laut.

„Heinrich, die Kutsche bricht!", rief der Königssohn.
Doch Heinrich erwiderte: „Nein, das sind die eisernen Bänder, die brechen." Denn Heinrich war überglücklich, dass der Königssohn endlich erlöst war.

ENDE

Marie lernt Radfahren

Marie ist aufgeregt. Heute kommt ihre Tante Anna zu Besuch. Und sie wird eine Überraschung mitbringen.
Endlich läutet es an der Tür. Marie öffnet und macht große Augen. „Ein Fahrrad!", ruft sie. „Ist das wirklich für mich?"
Tante Anna lacht. „Na ja, für deinen Papa ist es vielleicht doch etwas zu klein. Eigentlich solltest du das Rad schon zum Geburtstag bekommen, aber ich konnte es so schlecht mit der Post schicken."
Beim Kuchenessen rutscht Marie unruhig auf ihrem Stuhl hin und her. „Darf ich aufstehen und Fahrrad fahren?", fragt sie.

Papa sagt: „Kannst du das denn?"

„Ich werd's versuchen", antwortet Marie entschlossen. Und denkt: Das kann ja nicht so schwer sein.

„Aber schön hier auf dem Hof bleiben!", sagt Papa.

Marie schnappt sich das Fahrrad und schwingt sich auf den Sattel. Es fühlt sich fast so an wie ihr Laufrad. Nur ein bisschen größer. Klappt doch! Aber dann nimmt Marie die Füße vom Boden, um zu treten. Ganz schön kipplig, denkt sie noch …

„Aaahhhh!" Marie ist wütend. Blödes Rad! Ist einfach umgefallen. Und Marie gleich mit.

„Hast du dir wehgetan?", fragt Tante Anna. Sie hat sogar ein Pflaster dabei.

Marie nickt. „Und dabei sieht Radfahren so leicht aus."

„So was kann am Anfang schon mal passieren. Komm, ich helfe dir."

Tante Anna hält das Rad fest und läuft nebenher, während Marie kräftig in die Pedale tritt.
„Nicht loslassen! Auf keinen Fall loslassen!", ruft Marie.
Sie möchte ja nicht wieder hinfallen. Mit Annas Hilfe klappt das Fahren schon ganz gut.
Die Tante erklärt: „Viele Dinge kann man nicht einfach so. Sondern man muss üben und üben."
Also üben die beiden gemeinsam, bis Papa seinen Kuchen aufgegessen hat.

Als Papa und Tante Anna in den Stadtpark wollen, möchte Marie nicht mit, sondern lieber weiterüben.
„Wir nehmen das Rad einfach mit", schlägt Papa vor.
Im Park läuft Papa neben ihr her, mit der Hand am Gepäckträger. Marie fühlt sich immer sicherer und ruft mutig: „Du kannst loslassen!" Papa lacht. „Du fährst ja längst allein!" Marie erschrickt. Aber Papa sagt: „Einfach weitertreten, ich bin neben dir und passe auf, dass du nicht fällst."

Und plötzlich ist das Fahren ganz einfach. Juchu! Marie wird schneller und schneller. Das fühlt sich toll an.
„Vorsicht!", hört sie Papa rufen. Und: „Bremsen!"
Jetzt sieht Marie es auch: Da ist eine Frau mit einem Hund mitten auf dem Weg. Aber wie geht das mit dem Bremsen?

„Nimm die Füße!", ruft Papa. „Wie beim Laufrad!"
Ja klar, denkt Marie und lässt die Füße über den Boden schleifen.
Das kann sie. Sofort wird sie langsamer.
Kurz vor der Frau kommt sie zum Stehen.
Die Frau sagt: „Du kannst ja toll Fahrrad fahren."
Da muss Marie lachen. „Aber bremsen muss ich noch üben."

ENDE

Der Höhlenzauber

„Schiff ahoi!" Elisa springt auf den Tisch und stellt sich ans Steuerrad.
„Wir sind noch gar nicht fertig", protestiert Jakob.
Er hält das Bettlaken und den Besenstiel hoch.
„Hilf mir mal. Unser Piratenschiff braucht doch ein Segel."
Missmutig klettert Elisa wieder herunter. „Na schön!"

Nachdem das Segel endlich steht, zieht Elisa einen großen Karton durchs Zimmer. „Daraus basteln wir eine Kajüte", schlägt sie vor.
„Eine Kajüte? Was soll das denn?", mault Jakob. „Das brauchen wir doch nicht." – „Das brauchen wir wohl!"
Jakob stemmt die Hände in die Hüften.
Kurz darauf streiten sich die beiden heftig.
„Immer willst du bestimmen, wohin unser Piratenschiff fährt", ruft Elisa.
„Das stimmt nicht!" Jakob stampft mit dem Fuß auf.
„Stimmt doch!" Elisa dreht sich um.

Elisa hockt in ihrem Sessel und schaut nach draußen. Pechschwarze Wolken ziehen vorüber. In der Ferne fängt es leise zu grummeln an. Elisa hebt den Kopf. Was war das? Im nächsten Moment zuckt ein greller Blitz über den Himmel. Elisa bekommt einen Schreck. Gewitter mag sie gar nicht!
Der nächste Donner knallt so laut, dass Elisa gar nicht mitbekommt, wie sich die Zimmertür öffnet. Plötzlich steht Jakob vor ihr.

Er mag Gewitter ebenso wenig wie Elisa.
„Wollen wir uns wieder vertragen?", fragt er. Elisa nickt.
Das Gewitter wird immer heftiger. Ängstlich schauen Elisa und Jakob nach draußen.
„Wollen wir wieder rübergehen?", fragt Jakob.
Elisa schüttelt den Kopf. „Bei Gewitter soll man doch nicht auf dem Wasser sein", sagt sie grinsend. „Aber wir können in meinem Zimmer etwas bauen."

Jakob ist begeistert. Gemeinsam schleppen sie jede Menge Polster heran und stapeln sie um Elisas Schreibtisch.
Darüber legt Jakob die Wolldecke.
Kurz darauf kuscheln sich die beiden gemütlich in ihre Höhle.
Draußen gewittert es immer noch, doch das macht jetzt gar nichts mehr.

„Ich weiß einen Höhlenzauber", fällt Elisa ein.
„Hokuspokus Fidibus, mit Gewittern ist gleich Schluss!"

ENDE

Faultiere sind nicht müde

Es ist Nacht im Regenwald. Ringsum ertönt aus den Bäumen kräftiges Schnarchen.
Ein richtiger Schnarch-Chor!
Frido kichert. „Frido, ab ins Bett", brummt Opa Faultier aus dem Nachbarbaum. „Wir Faultiere brauchen unseren Schlaf." Schon fängt auch Opa an zu schnarchen.
Jetzt schlafen alle Faultiere. Alle, außer Frido.

Frido ist putzmunter. „Wir fangen Schmetterlinge!", ruft er.
„Au ja!", freut sich Affe Toko.
„Wollen wir das nicht lieber morgen spielen?", fragt Elise.
Doch schon geht's los! Wer lockt die meisten Schmetterlinge an?
Natürlich Frido! Wie immer, denn niemand hält so still wie er.
„Möchtest du nun endlich schlafen, Frido?", fragt Elise schließlich.
Sie ist selbst schon faultiermüde. Aber Frido möchte noch nicht
schlafen. Er will jetzt erst mal schaukeln.

„Kommt, wir putzen die Zähne", schlägt Toko nach einer Weile vor.
Noch nicht! Jetzt will Frido erst mal Fledermäuse zählen.
„Kuscheln wir uns in unser Schlafnest?" Elise gähnt laut und auch
Toko ist schon müde.
Frido schüttelt den Kopf. Noch nicht! Jetzt gibt es erst mal einen
Schlummertrunk.

Elise steckt den Kopf zwischen die Federn, Toko rollt sich zusammen. Frido seufzt. Er ist immer noch nicht müde! Da bemerkt er ein Glitzern zwischen den Zweigen.
Frido klettert hoch hinauf in die Baumkrone. Über ihm funkeln die Sterne und die Mondsichel. Wie schön das aussieht! Frido kuschelt sich in eine Astgabel und betrachtet das leuchtende Band der Milchstraße. Frido könnte sich den Sternenhimmel ewig anschauen, doch irgendwann fallen auch ihm die Augen zu. Schlaf gut, kleines Faultier!

ENDE

Rapunzel

Es waren einmal ein Mann und eine Frau, die wünschten sich schon lange ein Kind. Endlich wurde die Frau schwanger.
Nebenan wohnte eine böse Zauberin, in deren Garten herrliche Rapunzeln wuchsen. Die Frau bekam plötzlich einen Heißhunger und sagte ihrem Mann: „Wenn ich keine Rapunzeln bekomme, dann sterbe ich." Weil der Mann sich sehr um seine Frau sorgte, stieg er über die Mauer und stahl die Blätter für sie. Die Frau machte sich einen Salat, aber nachdem sie ihn gegessen hatte, war ihr Hunger noch größer.

Als der Mann wieder in den Nachbarsgarten schlich, stand plötzlich die Zauberin vor ihm. Er entschuldigte sich und erklärte seine Not. Die Zauberin antwortete: „Nimm die Rapunzeln mit. Aber du musst mir das Kind geben, das deine Frau zur Welt bringen wird." Weil der Mann schreckliche Angst hatte, stimmte er zu.
So holte sich die Zauberin das Baby und nannte es Rapunzel.
Als das Mädchen zwölf Jahre alt war, schloss die Zauberin es in einen Turm. Er hatte weder Treppe noch Tür, nur ganz oben ein kleines Fensterchen.

Wenn die Zauberin hineinwollte, rief sie von unten: „Rapunzel, Rapunzel, lass mir dein Haar herunter!" Dann wickelte Rapunzel ihre Zöpfe um einen Fensterhaken, ließ sie herunter und die Zauberin stieg daran hinauf.

Ein paar Jahre später ritt der Sohn des Königs durch den Wald und kam an dem Turm vorbei. Da hörte er einen Gesang, der war so lieblich, dass der Königssohn auf der Stelle verzaubert war. Er wollte zu der Stimme hinaufsteigen, aber er konnte keine Tür finden.

So ritt er nach Hause, kam aber jeden Tag in den Wald und lauschte dem zauberhaften Gesang.
Eines Tages sah er, was die Zauberin tat, um den Turm hochzukommen. Am nächsten Abend ging er zum Turm und rief ebenfalls: „Rapunzel, Rapunzel, lass mir dein Haar herunter!"
Kurz darauf fielen die Haare herab und der Königssohn stieg hinauf. Rapunzel erschrak, denn sie hatte noch nie einen Mann gesehen. Doch als der Königssohn ihr erklärte, wie sehr ihre Stimme sein Herz berührt hatte, verlor sie ihre Angst. Und als er sie fragte, ob sie ihn zum Mann nehmen wollte, sagte sie Ja.

Jedes Mal, wenn der Königssohn Rapunzel besuchte, brachte er ihr einen Strang Seide mit. Daraus wollte sie eine Leiter flechten, mit der sie vom Turm hinabsteigen und fliehen konnte.
Doch eines Tages verplapperte sich Rapunzel und sagte zur Zauberin: „Wie kommt es nur, dass Ihr viel schwerer seid als der junge Königssohn?"
Da wurde die Zauberin zornig. Mit einer Schere schnitt sie Rapunzels schöne Zöpfe ab und brachte Rapunzel zu einem weit entfernten Ort. Die Zauberin befestigte die Zöpfe am Fensterhaken und als sie den Königssohn rufen hörte, ließ sie das Haar hinab.

Der Königssohn stieg hinauf, aber statt Rapunzel erwartete ihn die Zauberin mit giftigem Blick und sagte: „Du wirst Rapunzel nie wiedersehen!"
Da sprang der Königssohn in seiner Verzweiflung den Turm hinab. Die Dornen, in die er fiel, zerstachen ihm die Augen. So irrte er blind im Wald umher, aß nur Wurzeln und Beeren und weinte über den Verlust seiner liebsten Frau.
Nach einigen Jahren kam der Königssohn in die Einöde, in der Rapunzel lebte. Er erkannte Rapunzel an ihrer Stimme und ging auf sie zu. Sie fiel ihm um den Hals und weinte. Als ihre Tränen seine Augen benetzten, konnte er wieder sehen. Er führte sie in sein Reich und sie lebten noch lange glücklich und vergnügt.

ENDE

Klara möchte auch mitspielen

Das Tollste am Kindergarten ist das große Piratenschiff. Martin und Lisa sind schon aufs Deck geklettert.
Martin ruft von oben herab: „Ich bin der Kapitän! Lisa, du bist der Steuermann und Oscar ist der Matrose."
Vorsichtig fragt Klara von unten: „Und was bin ich?"

„Also erst mal musst du hier raufkommen", erklärt Martin. „Und zwar nicht so babyleicht über die Rampe. Mutige Piraten klettern hier am Netz rauf." Er stellt sich so hin, dass Klara auf keinen Fall an ihm vorbeikommt.
Klara schluckt. Sie klettert gar nicht gern. Schon wenn sie nur daran denkt, wird ihr ganz schwindlig.
„Du schaffst das!", ruft Lisa von oben.
Klara greift ins Netz und setzt ihren Fuß hoch. Wie das wackelt!
„Komm schon, weiter!", ruft Oscar.
„Ich schaffe das einfach nicht", sagt Klara.
Martin grinst und sagt: „Du bist kein richtiger Pirat! Ist doch babyeierleicht!"

Klara ist wütend. Und traurig. Weil sie sich nicht traut. Bloß weg hier. Gemeiner Martin! Eine Träne kullert ihr die Wange hinunter. Wieso schaffe ich das nicht?, denkt Klara. Die anderen kriegen es doch auch hin.
„Warte!", hört sie eine Stimme hinter sich. Lisa ist ihr nachgelaufen und sagt: „Das ist mir jetzt echt zu blöd. Dieser Martin-Bestimmer! Ich will kein Steuermann mehr sein. Wollen wir einfach was anderes machen?"
Klara zuckt nur mit den Achseln.
„Jetzt hör doch nicht auf diesen Martin. Es ist gar nicht leicht, an dem Netz hochzuklettern." Und als Klara nichts sagt, fährt sie einfach fort: „Wozu hast du Lust?"

Aber Klara hat gerade zu überhaupt nichts Lust.
Doch Lisa lässt nicht locker. „Denk doch mal nach. Vielleicht was ganz Neues?"
Neu. Da fällt es Klara ein. „Wir haben neue Stifte bekommen. Wollen wir malen?"
„Super Idee!", ruft Lisa.
Und als Klara die ersten Striche aufs Papier zieht, ist der Ärger vergessen.
Sie ist so vertieft, dass sie fast ein bisschen erschrickt, als Oscar plötzlich neben ihr steht und sagt: „Ich will nicht mehr das Deck schrubben. Ich male lieber mit euch."
Es dauert nicht lange, da kommt auch Martin. Er druckst herum: „Es ist langweilig ohne euch. Und es war blöd von mir, dich nicht aufs Schiff zu lassen, Klara. Tut mir leid."

Da sieht er Klaras Bild. „Wow, du kannst ja richtig gut malen!"
Klara schaut erstaunt auf.
„Ich habe eine Idee!", ruft Lisa. Sie flüstert Klara ins Ohr.
„Ich schenke dir mein Bild", sagt Klara. „Unter einer Bedingung."
„Zwei Bedingungen", fügt Lisa hinzu.
„Wir spielen zusammen und ich nehme die Rampe aufs Schiff", erklärt Klara.
„Hm", überlegt Martin. „Wir brauchen an Bord jemanden, der die Seekarten zeichnet", sagt er. „Du kannst meine Erste Offizierin werden."

„Wieso DEINE Erste Offizierin? Ich bin jetzt der Kapitän – meine Bedingung", sagt Lisa.
„Aber …", will Martin sagen.
„Du warst vorhin gemein und ein Kapitän muss gerecht sein", mischt sich Oscar ein.
„Also gut", gibt Martin nach.
Und dann gehen sie alle zusammen auf große Piratenfahrt.

ENDE

Kasimir und der Drache

RRROOAARR! Furchtbares Gebrüll drang aus dem Kerker der Ritterburg.

„Genug!", jammerte der König. „Ich ertrage diesen Krach nicht mehr! Jemand muss in den Keller steigen und herausfinden, was da los ist!" Die übrigen Burgbewohner nickten eifrig. Seit Tagen hatte niemand mehr geschlafen. Alle schlichen auf Zehenspitzen umher und erstarrten, sobald das Brüllen von Neuem begann.

Der König schaute sich im Thronsaal um. „Du!", sagte er dann und zeigte auf den Kerkermeister. „Ab ins Verlies mit dir!"
Der Kerkermeister wich zurück. Er war kreideweiß im Gesicht! Er zitterte so, dass die Schlüssel an seinem Bund klapperten.
„Aber Majestät", bibberte er. „Ich kümmere mich nur um die Gefangenen im Kerker und nicht um freiwillige Besucher!"
„Hm", brummte der König und kratzte sich am Kopf. „Das ist allerdings wahr." Er überlegte einen Moment. „Dann geht ihr hinunter!", befahl er den Burgwachen.

Die Wachen fielen vor Schreck auf die Knie. „Ach nein, Majestät!", riefen sie und rangen die Hände. „Wir bewachen die Burg vor allen Feinden, die zu uns reinwollen. Aber für die Feinde drinnen sind wir nicht zuständig."
„Verstehe", stöhnte der König und rieb sich die Augen. „Aber einer muss es tun." Da fiel sein Blick auf Kasimir Hasenherz. Der König grinste zufrieden.

„Kasimir, du gehst in den Kerker. Du bist zwar gerade erst Ritter geworden, aber das schaffst du schon. Viel Glück!"
Ritter Kasimir schluckte. Alle schauten ihn erwartungsvoll an. Verflixt!
„Okay, wenn es sein muss", seufzte Kasimir also und machte sich auf den Weg.
Ritter Kasimir stieg ins Verlies. Er schnupperte. Es roch nach faulen Eiern und nicht modrig wie sonst. Er bog um die Ecke und riss die Augen auf. Vor ihm saß ein Drache. Klein, aber kräftig.
Kasimir zückte sein Schwert.
Blitzschnell packte der Drache das Schwert, öffnete sein Maul – und pulte sich mit der Schwertspitze zwischen den Zähnen herum.
„Hey, das ist doch kein Zahnstocher!", rief Kasimir empört.

Dann griff er nach seiner Lanze und schwenkte sie herum.
Der Drache gähnte.
„Los, Schlafmütze!", brüllte Ritter Kasimir. „Zieh Leine!"
Doch der Drache schnappte sich die Lanze – und kratzte sich damit grunzend den Rücken.
Entmutigt hockte sich Kasimir in eine Ecke. Und nun? Er grübelte.
Was taten Ritter eigentlich noch? Da kam ihm eine Idee.
„Bin gleich wieder da!", rief er und flitzte los.
Kasimir kam mit Papier und Tinte zurück und begann zu schreiben.
Denn Ritter kämpften nicht nur mit Schwertern und Lanzen, sie schrieben auch Gedichte. Eigentlich für Prinzessinnen. Aber notfalls auch für Drachen.

Der Drache stieß ein Brüllen aus.

„Hör zu!", sagte Kasimir nur und fing an vorzulesen. Er las und las.

Der Drache wälzte sich auf den Bauch und lauschte, bis ihm die Augen zufielen.

Der Drache schnarchte so laut, dass man es bis oben im Thronsaal hörte.

„Gut gemacht", sagte der König, als die Wachen kurz darauf den schlafenden Drachen am Schwanz aus dem Schloss zogen.

Kasimir lächelte. Ein Ritter brauchte eben nicht nur Schwert und Lanze, sondern vor allem eins: gute Ideen!

ENDE

Die Bremer Stadtmusikanten

Es war einmal ein alter Esel, der hatte viele Jahre lang für seinen
Bauern Säcke geschleppt. Aber weil er nicht mehr stark genug war,
wollte der Bauer ihn loswerden. Da lief der Esel lieber selbst davon.
Er wollte nach Bremen, um dort Stadtmusikant zu werden.
Er war noch nicht weit gegangen, als er am Straßenrand einen
Hund sitzen sah.
„Was japst du so?", fragte der Esel den Hund.

„Ich bin zu alt, um auf die Jagd zu gehen. Weil mich mein Herr schlagen wollte, bin ich lieber davongelaufen", antwortete der Hund. „Ich gehe nach Bremen und werde dort Stadtmusikant. Komm doch mit, dann können wir zusammen musizieren."
Da schloss sich der Hund dem Esel an.
Es dauerte nicht lange, da sahen sie eine Katze am Wegrand sitzen, die machte ein Gesicht wie drei Tage Regenwetter.
„Was ist denn mit dir los?", fragte der Esel.
„Wer kann da lustig sein, wenn's einem an den Kragen geht?", entgegnete die Katze. „Weil meine Zähne stumpf werden und ich lieber hinter dem Ofen liege, als Mäuse zu jagen, will meine Herrin mich nicht mehr. Wo soll ich jetzt hin?"
„Komm mit uns nach Bremen", sagte der Esel. „Du kannst Stadtmusikant werden."
Und die Katze ging mit.

Als sie an einem Bauernhof vorbeikamen, saß da ein Hahn und schrie aus Leibeskräften.
„Warum schreist du so schrecklich?", wollte der Esel wissen.
„Die Hausfrau hat der Köchin befohlen mich morgen in der Suppe zu kochen", sagte der Hahn. „Und jetzt schrei ich, solange ich noch kann."
„Du hast eine gute Stimme", sagte da der Esel. „Willst du nicht mit uns nach Bremen kommen und dort Stadtmusikant werden?"
Und auch der Hahn kam mit.
Am Abend entdeckten sie in einem Wald ein Haus.
Drinnen saßen Räuber an einem gedeckten Tisch mit Essen und Trinken und ließen sich's gut gehen.

Die Tiere hatten Hunger und überlegten, wie sie die Räuber verjagen konnten. Sie stellten sich aufeinander, dann machten sie ihre Musik: Der Esel schrie, der Hund bellte, die Katze miaute und der Hahn krähte. So stürzten sie durchs Fenster in die Stube hinein, sodass die Räuber ängstlich in den Wald flüchteten. Die vier Musikanten ließen es sich schmecken.

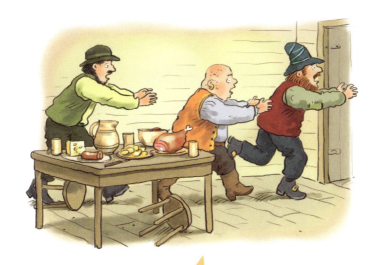

In der Nacht kam einer der Räuber zurück und wollte in der Küche ein Licht anzünden. Er sah die feurigen Augen der Katze, dachte, es wären glühende Kohlen, und hielt ein Streichholz daran, um es zu entzünden. Die Katze fand das nicht lustig und zerkratzte sein Gesicht. Er erschrak gewaltig und wollte zur Hintertür hinauslaufen.
Aber da lag der Hund und biss ihn ins Bein. Als der Räuber über den Hof am Misthaufen vorbeirannte, gab ihm der Esel noch einen Schlag mit dem Hinterfuß. Und der Hahn, der vom Lärm aufgewacht war, rief: „Kikeriki!"

Der Räuber lief so schnell er konnte zu seinen Kameraden zurück und berichtete: „Im Haus sitzt eine Hexe, die hat mir mit ihren langen Fingern das Gesicht zerkratzt. An der Tür steht ein Mann mit einem Messer, der hat mich ins Bein gestochen. Auf dem Hof liegt ein schwarzes Ungetüm, das hat mit einem Holzprügel auf mich losgeschlagen. Und auf dem Dach sitzt der Richter, der rief: ‚Bringt mir den Schelm her!' Da machte ich, dass ich fortkam."
Von da an trauten sich die Räuber nicht mehr in das Haus. Den Bremer Stadtmusikanten aber gefiel es so gut, dass sie nie wieder wegwollten.

ENDE

Felix und der Groll

„Liest du mir noch eine Geschichte vor?", fragt Felix.
Er schläft heute bei Oma. „Na klar, das mache ich doch immer", antwortet Oma. Sie schlägt ihr dickes Buch auf. „Wie wäre es mit ‚Der trottelige Troll'?"
„Au ja, die kenne ich noch nicht!", juchzt Felix. Und während Oma noch liest, fallen Felix schon die Augen zu. Als sie ihn einkuschelt, kann er gerade noch „Gute Nacht" hauchen, dann ist er bereits eingeschlafen.

Oh! Was war das für ein Geräusch? Felix weiß erst nicht, wo er ist. Ach ja, in Omas Gästezimmer. Plötzlich ist er hellwach. Da war ein Brummen, er hat es genau gehört.
Da ist bestimmt was im Kleiderschrank. Felix kriecht tiefer unter die Bettdecke. Und lässt den Schrank keine Sekunde aus den Augen.
„Oooma!", ruft er, so laut er kann.
„Ich dachte, du schläfst schon", wundert sich Oma.
„Da war ein Brummen im Schrank", erklärt Felix, „Bestimmt ist es ein Groll!"
„Du meinst: ein Troll?", sagt Oma.
„Nein, ein Groll. Groß und gruselig."

„Wahrscheinlich hast du geträumt", vermutet Oma und knipst das Licht an. „Aber ich schaue lieber mal nach."
Felix mag gar nicht hinsehen. Die Schranktür quietscht.
„Außer Bettwäsche und Tischdecken ist hier nichts", sagt Oma.
Felix atmet auf.
„Ist jetzt alles in Ordnung?", fragt Oma.
Felix nickt.
Aber nachdem Oma weg ist, ist irgendwie doch nicht alles in Ordnung. Was sind das nur für Schatten am Fenster?

Vielleicht ist der Groll unsichtbar aus dem Schrank geschlüpft und sitzt jetzt am Fenster? Nein, kann ja eigentlich nicht sein, beruhigt Felix sich selbst. Da kommt ein Windhauch und bläht den Vorhang auf. „Oooooma!"

Oma steckt den Kopf zur Tür herein. „Wieder ein Groll im Schrank?", fragt sie gähnend.

Felix schüttelt den Kopf. „Nein, diesmal war er am Fenster. Der Vorhang war plötzlich ganz dick und hat gezappelt."

Oma geht schnurstracks zum Fenster und hebt den Vorhang zur Seite. „Guck. Alles in Ordnung. Das war nur der Wind", sagt sie und schließt das Fenster.

„Danke, Oma. Jetzt kann ich schlafen."

„Gute Nacht, Felix, ich gehe auch ins Bett."

Felix kuschelt sich in die Decke. Und fast ist er wieder eingeschlafen. Aber stopp! War da nicht etwas unter seinem Bett? Felix hält die Luft an. „Oooma!" Aber Oma kommt nicht. Stimmt, sie wollte ja schlafen gehen.
Und jetzt? Felix streckt langsam einen Arm unter der Bettdecke hervor. Und macht das Licht an. Er beugt sich vor und schaut unters Bett. Aber da ist nichts. Bis auf ein paar Wollmäuse und das Auto, das er schon seit Tagen sucht.

Felix atmet auf. Da ist es wieder, das Geräusch: Das Bett knarrt, wenn er sich an eine bestimmte Stelle legt.

Er muss lachen.

„Was gibt's denn Lustiges?"

„Alles gut, Oma", sagt Felix. „Du hast doch gerufen. Ich war beim Zähneputzen und konnte nicht kommen."

„Ich dachte, da ist ein Groll unter dem Bett, aber da war nichts."

Oma staunt: „Woher weißt du das?"

„Weil ich geguckt hab", erklärt Felix stolz.

„Toll", findet Oma, „dann können wir ja jetzt beide beruhigt schlafen gehen."

ENDE

Ein toller Tag

Frido hängt kopfüber im Baum und guckt nach unten.
„Immer noch nichts", brummelt er enttäuscht.
„Was suchst du denn auf dem Erdboden?", fragt seine Freundin, der Tukan Elise.
„Ich suche nichts, ich warte", antwortet Frido.
Unter seinem Lieblingsbaum befindet sich ein kleiner Teich. Jedenfalls meistens. Doch es hat lange nicht geregnet und der Teich ist ausgetrocknet. Dabei würde Frido jetzt zu gern im Wasser planschen …
Plötzlich hat er richtig schlechte Laune.

„Ärgere dich nicht", tröstet ihn der Affe Toko. „Dafür scheint doch die Sonne so schön!"
„Genau richtig für das Schatten-Spiel!", ruft Elise.
Das mag Frido auch! Schon geht es los: Wer macht das größte Schatten-Tier? Und wer das lustigste? Nach einer Weile schiebt sich eine Wolke vor die Sonne. Und dann noch eine. Es wird immer dunkler. Bis kein Schatten mehr zu sehen ist.
„Och, schade", meint Elise.
Doch Frido freut sich. „Es ist so weit!", ruft er. „Gleich fängt es an zu regnen!"

Schon prasseln dicke Tropfen vom Himmel. Es regnet und regnet und regnet. Frido ist begeistert. Er klettert hinauf in die Baumkrone. Dort wird man so schön nass!
Elise und Toko gefällt der viele Regen gar nicht. Dicht aneinandergedrängt hocken sie auf dem Baum.
„Ärgert euch nicht", tröstet Frido sie. „Los, wir spielen das Regen-Spiel!"

Frido lässt sich pitschnass regnen. Dann krabbelt er zu seinen Freunden unters Blätterdach – und schüttelt sich!
„Uuuh", kreischt Elise vergnügt. „Ich will auch mal!"
Schon spritzen sich die drei gegenseitig nass.
Am Abend kuscheln sich Frido, Elise und Toko in ihr Schlafnest.
„Und was spielen wir morgen?", fragt Toko.
„Mal sehen", murmelt Frido schläfrig. „Kommt aufs Wetter an!"

ENDE

Pedro und sein Papagei

Warme Sonnenstrahlen kitzeln Pedros Nase.
„Hatschi!" Mit einem Satz springt der kleine Pirat aus seiner Hängematte und flitzt nach oben.
An Deck des Piratenschiffs ist schon mächtig was los: Krummhaken-Kalle verstaut die Wasserfässer, Holzbein-Hein hisst die Segel und der alte Eddie schrubbt die Planken. Pedro läuft zu seinem Papa. Ist das etwa eine Schatzkarte, die Käpt'n Rotsocke da gerade studiert?
„Guten Morgen, du kleine Schlafmütze", brummt Käpt'n Rotsocke und wuschelt durch Pedros Haare.

„Gleich geht's los zur Schatzinsel. Aber vorher brauchen wir noch ein kräftiges Piraten-Frühstück."
„Kommt sofort!" Pedro lacht und holt seine Angel.
Es gibt Fisch. Wie jeden Morgen! Heute hat Pedro Glück: Wenige Augenblicke später brutzeln sechs fette Fische in der Pfanne. Sogar einer mehr als sonst!
Nach dem Frühstück ist es so weit: „Anker lichten!", brüllt Käpt'n Rotsocke am Steuerrad. „Leinen los!" Ein kräftiger Wind fährt in die Segel und schon saust das Piratenschiff übers Wasser.
„Ahoi!", ruft Pedro und winkt einem Papageien zu, der dicht an ihm vorbeifliegt.
RUMMS! Plötzlich kracht es gewaltig. Im letzten Moment klammert Pedro sich an der Reling fest. Fast wäre er ins Meer gefallen!
Auch der Papagei hat einen Schreck bekommen und flattert schnell zu Pedro.

„Mannschaft, prüft den Schaden!", befiehlt Käpt'n Rotsocke.
Sofort klettern Krummhaken-Kalle und Holzbein-Hein die Schiffswand hinunter. „Kleines Loch am Bug", meldet der alte Eddie. „Das ist schnell repariert. Wir brauchen nur ein Stück Holz." Leider gibt es weit und breit kein Holz. Außer … „Ist gut", seufzt Holzbein-Hein. Kurz darauf haben Hein und Kalle das Holzbein an die Schiffswand genagelt. Käpt'n Rotsocke zupft sich nachdenklich den Bart. „Jemand muss Ausschau halten, bevor es wieder knallt", beschließt er und zeigt nach oben. Aber wer? Der alte Eddie ist zum Klettern viel zu alt. Krummhaken-Kalle passt nicht zwischen die Segel. Und Holzbein-Hein fehlt das Bein.
Bleibt nur noch … „Pedro!", rufen die Piraten.
In den Ausguck? Das ist ganz schön hoch! Pedro schluckt, dann klettert er los.
Auf halber Höhe schaut er ängstlich nach unten. „Oh!" Pedros Bauch fängt an zu grummeln. Nichts wie weg!

So schnell er kann, klettert er wieder hinunter.
„Na schön", seufzt Käpt'n Rotsocke. „Dann bleibt nur eins: gaaanz langsam fahren!" Und so schleicht das Piratenschiff über das Meer.
„So kommen wir ja nie auf der Insel an", stöhnt Pedro. Suchend schaut er sich um. Wo steckt eigentlich der Papagei? Der hat inzwischen das Schiff erkundet und die Pfanne entdeckt. Mit dem letzten Fisch darin! Plötzlich hat Pedro eine Idee. Schnell flüstert er dem Papageien etwas zu. Der krächzt und fliegt nach oben. Zum Ausguck!
„Was macht denn der Vogel da?", wundert sich Käpt'n Rotsocke.
„Der passt auf!", strahlt Pedro. „Und jetzt: Volle Fahrt voraus!"
Von nun an angelt Pedro jeden Morgen nicht mehr fünf, sondern sechs Fische. Sobald es losgeht, hält der Papagei Ausschau und krächzt bei jedem Hindernis. „Sehr praktisch! Und schwindelfrei ist er auch", meint Käpt'n Rotsocke. Auch Pedro ist begeistert: Jetzt haben sie einen waschechten Piraten-Papagei!

ENDE